¡Huracán!

por Margie Sigman
ilustrado por Dan Grant

Scott Foresman
is an imprint of

Glenview, Illinois • Boston, Massachusetts • Chandler, Arizona
Upper Saddle River, New Jersey

Every effort has been made to secure permission and provide appropriate credit for photographic material. The publisher deeply regrets any omission and pledges to correct errors called to its attention in subsequent editions.

Unless otherwise acknowledged, all photographs are the property of Pearson.

Photo locators denoted as follows: Top (T), Center (C), Bottom (B), Left (L), Right (R), Background (Bkgd)

Illustrations by Daniel L. Grant

Photograph by **20** Chris Hondros/Getty Images

ISBN 13: 978-0-328-53442-5
ISBN 10:   0-328-53442-0

2 3 4 5 6 7 8 9 10 V0N4 13 12 11 10

Jueves en la tarde

"...Se anticipa que el huracán Drew se convierta en una tormenta de categoría 3. Los científicos del Centro Nacional de Huracanes acaban de predecir que tocará la costa de la Florida este fin de semana".

El reporte del tiempo sonaba muy serio. Jairo se volteó a mirar a su papá.

—¿Crees que tendremos que evacuar? —le preguntó asustado.

—No creo. Nosotros vivimos lejos de la costa —contestó Papá—. Por lo general la gente que vive muy cerca del mar debe evacuar cuando hay un huracán.

—Será una experiencia aterradora, con mucho ruido y lluvia —dijo papá—. Ya lo sabremos en unos días.

—Viene un huracán, Rey. ¿Qué te parece? —le dijo Jairo a su perro más tarde—. Nos acabamos de mudar de Indiana y ya vamos a tener un huracán. ¡Qué emocionante!

Jairo y Rey salieron de la casa. Comenzaba a soplar una brisa, pero todavía no había señales de mal tiempo.

Sábado en la mañana

Desde su cama, Jairo escuchaba un ruido que nunca había oído. Parecía un quejido que de pronto gritaba con más fuerza. Era el viento que soplaba en ráfagas. Por la ventana vio la rama de un árbol volar. "¿Será así como comienza un huracán?", se preguntó Jairo. En Indiana no había huracanes.

Jairo oyó que Rey gemía fuera de su recámara. Seguro que necesitaba salir, pensó.

Jairo bajó las escaleras aún medio dormido. Abrió la puerta y dejó que Rey saliera. Después fue a despertar a sus padres.

—¡Mamá! ¡Papá! El viento está fuertísimo.

—Tu primer huracán va a comenzar, Jairo —dijo Papá—. Creo que estamos preparados. Tenemos comida, agua, un radio, linternas y muchas pilas y velas. Vamos a necesitarlas si se va la luz. Es posible que nos quedemos sin electricidad por un par de días hasta que vengan a reparar los cables.

Mamá le advirtió a Jairo: —Ten mucho cuidado con Rey. Sácalo al patio con la correa y no lo dejes solo. Algunos animales se asustan mucho durante las tormentas fuertes. ¿Recuerdas cuando Rey salió corriendo en Indiana porque empezó a tronar?

Jairo sintió un vacío en el estómago. ¿Debía contarles a sus padres que Rey ya estaba afuera?

—Claro, mami —dijo Jairo sintiéndose culpable—. Voy a vestirme.

Jairo corrió a su recámara y se vistió de prisa. Sabía que Rey detestaba las tormentas. No había tiempo que perder.

Jairo bajó y agarró la correa de su perro. "Espero que Rey esté cerquita", pensó mientras abría la puerta del frente.

Jairo se sorprendió al sentir la fuerza del viento. El patio estaba lleno de ramas quebradas y hojas de palmera. Una pelota atravesó el jardín y llegó hasta la calle.

—¡Rey! ¿Dónde estás, perrito? —gritó Jairo.

Jairo siguió llamando a su perro, pero el viento ahogó sus gritos. Entonces comenzó a llover. Las condiciones del tiempo iban de mal en peor. Papá se asomó a la puerta.

—Jairo, ¿dónde está Rey? —preguntó mirando la correa.

—Eh… bueno, es que… no sé —dijo Jairo con voz entrecortada. No podía mirar a su papá a los ojos, pero no aguantó más y le contó todo.

—Si el viento se calma, puedo ir a buscarlo —añadió Jairo esperanzado.

—No, es muy peligroso. Tenemos que quedarnos en la casa porque el viento va a empeorar. Pero no te preocupes. Seguro que Rey está cerca y regresará pronto.

Jairo ya no estaba emocionado con su primer huracán. Sólo quería que su perro regresara sano y salvo.

—Entra a casa, hijo. Vamos a averiguar en qué momento llegará el huracán.

Sábado al mediodía

La mamá de Jairo estaba viendo el canal del tiempo. **"…AVISO: Una alerta de tornado está en efecto a lo largo de toda la costa…"** decía el letrero del teletipo a través de la pantalla del televisor. Justo entonces, la pantalla se puso negra y las luces se apagaron. Por la ventana, Jairo vio que las palmeras se sacudían violentamente.

—¡Hora de prender las linternas y las velas! —dijo Papá tratando de animar a los demás.

—Mami, ¿cómo estará Rey? —Jairo preguntó con desesperación—. ¡Me siento tan mal de haberlo dejado salir!

Mamá trató de calmarlo: —No te sientas culpable, Jairo. Estábamos tan ocupados pensando en el huracán, que olvidamos advertirte sobre cómo cuidar a Rey en estas condiciones. Pero los animales pueden ser más astutos que las personas. Seguro que Rey encontrará refugio en alguna parte.

Sábado por la tarde

Pero Jairo no se consolaba. Oía una vocecita en su cabeza que le decía una y otra vez: "¿Dónde estará Rey? ¿Por qué lo dejé salir?".

—¿No podemos ir a buscarlo en el carro? —sugirió Jairo.

—Ojalá pudiéramos, Jairo, pero es muy peligroso. Muchos árboles se están cayendo y pueden tumbar los cables eléctricos o aplastar los carros. Además, el ruido del viento no dejaría que Rey oyera nuestros gritos.

—Un momento —dijo de pronto Mamá—. ¿Rey tenía puesto su collar?

—Creo que sí —contestó Jairo sin entender bien el motivo de esa pregunta.

—El collar tiene nuestro número de teléfono. Si alguien lo encuentra, podrán llamarnos —dijo Papá con entusiasmo.

—¡Pero no hay electricidad! —exclamó Jairo.

—No te preocupes, Jairo. Nuestro teléfono funciona sin electricidad.

Jairo miró a sus sonrientes padres. Por primera vez sintió un rayito de esperanza.

Sábado al anochecer

Las horas pasaban y Rey no aparecía.
El patio del frente se había convertido
en un gran charco. Había ramas y
escombros por todas partes. Uno de
los robles se había caído. Y el teléfono
seguía sin sonar.

Por fin comenzó a disminuir la lluvia. Seguían sin electricidad, pero las noticias del radio decían que la tormenta había continuado su curso.

—¿Qué tal si comemos algo? ¿Quieres una fruta, Jairo? —preguntó Papá.

—No tengo hambre —dijo Jairo desanimado.

Rey ya llevaba doce horas perdido. Era aterrador pensar en lo que podría haberle pasado a su perro. A eso de las seis de la tarde, el teléfono por fin sonó. Jairo corrió a contestarlo.

—Buenas tardes —dijo un hombre—. Mi nombre es Mario Ruiz y vivo en la calle Kent. ¿Se les perdió un perro?

Jairo no podía creerlo.

—Sí, señor —exclamó Jairo casi sin poder hablar—. ¿Está bien mi perrito?

—Es un perro afortunado. Estaba escondido en una zanja cuando el agua comenzó a subir. Lo encontré de casualidad. ¡Estaba nadando desesperado!

—Muchas gracias, señor —dijo Jairo con un suspiro de alivio. Luego le pasó el teléfono a su papá para que anotara la dirección del señor Ruiz.

—Tan pronto como el reporte del tiempo diga que es seguro salir, iré a recoger a Rey —dijo Papá con un brillo de alegría en los ojos y una sonrisa.

Precauciones para un huracán

Los huracanes son tormentas muy peligrosas. Antes de un huracán, es importante prepararse y seguir estas recomendaciones:

- Reunir pilas, linternas y agua. Es muy importante tener un radio que funcione con pilas.
- Hacer un plan de emergencia para cada persona de la familia, incluyendo las mascotas.
- Comprar alimentos que no tengan que calentarse o enfriarse. Es posible que no haya electricidad durante unos días.

Durante un huracán, siempre debemos:
- Quedarnos en un lugar bajo techo.
- Alejarnos de las ventanas.

Después de un huracán es importante:
- No salir sin un adulto.
- No jugar en zanjas o charcos, ni cerca de árboles caídos.
- Alejarse de los cables eléctricos.
- No tomar agua de la llave sin preguntarle a un adulto.